AF253801

ÉTUDE POLITIQUE ET CRITIQUE

LES

DERNIERS SCANDALES

PAR

ARISTOPHANE

40

centimes

PARIS

ARMAND, RUE DU CROISSANT

1869

LES

DERNIERS SCANDALES

PAR

ARISTOPHANE

40 centimes

PARIS

CHEZ ARMAND, RUE DU CROISSANT

1869

LES
DERNIERS
SCANDALES

PAR

ARISTOPHANE.

———

Les scandales vont bien ! Et des gens qui ont l'apparence d'appartenir à un monde qui doit donner l'exemple, daignent faire parler d'eux d'une façon assez folâtre. Après ce bon marquis d'Orvault, voici cet excellent duc de Marmier, un *pur*, député de l'opposition *quand même* qui fait des siennes. Y aurait-il, parmi les députés démocrates, des parasites effrontés ? Ce serait

faire une concurrence déloyale aux obscènes plaisantins de la petite presse.....
Voici les faits :

M. le duc de Marmier, député de l'opposition, — doublure de Glais-Bizoin, cette
autre ganache ridicule, — M. le duc de Marmier, un parvenu, aime à promener son
blason dans le quart de monde. Il s'y pose
en protecteur, y fait de belles promesses,
et grâce à son titre, et à sa perruque d'un
jaune-vert, dont est jaloux le duc de Bruns-
wick, il capte aisément la confiance des
pauvres demoiselles dont il est le faux
Mécène. — Il daigne accepter de ces mal-
heureuses, — le délicat ! — faveurs de toutes
sortes, dîners et logement même ! Ce gentilhomme rouge se fait ainsi héberger sans
bourse déliée. Son avarice rappelle celle de
Villeneuve Bargemont — dit *Saute Marquis,*
— et de ce célèbre homme d'Etat qui *repre-
nait sur la table de nuit,* — comme dit Vi-
docq en ses mémoires — et disait à la Phrynée volée : — « Si tu dis un mot, tu es
perdue ! *Je suis magistrat !* »

Ah ! c'est là du propre monde ! M. le duc de Marmier avise une prétendue tragédienne, Mlle Grosjean, dite de Meslin ; il lui fait mille promesses, la détourne d'accepter ce qu'elle appelle un brillant engagement, et lui offre de la placer à la tête de sa maison. Elle occupait alors un grand appartement ; le bon duc la prie de lui en céder une partie ; il *s'installe dans les meubles* de Mlle Grosjean ; il y reste *un an* gratuitement logé, et recevant, *gratuitement aussi*, de cette tragédienne incomprise et crédule, les soins que réclamait l'état fâcheux de sa santé, noblesse oblige ! Plus tard, le député gentilhomme loua un appartement et *y fit transporter les meubles* de l'artiste, qu'il invita à venir pour continuer de gérer sa maison. Les loyers devaient être payés par le cher duc ; mais il cessa de les acquitter et *laissa saisir les meubles* de sa protégée. De là procès. Le tribunal de la Seine a condamné le député protecteur des artistes à payer 300 francs de dommages-intérêts à Mlle Grosjean, sans compter les frais et dépens. Le scandale va continuer : les parties sont en appel.

⋞∙o∙o∙⋟

M. Ste Beuve, le sénateur athée, n'a pas manqué, le Vendredi saint, de donner son *dîner de viande*. C'est la façon dont cet ami de M. Renan proteste tous les ans contre la Religion de sa mère.

M. Ste Beuve a été obligé de faire faire, par les quatre demoiselles qui sont chez lui, dès la veille du Vendredi saint, ses provisions de viande, tous les bouchers et tous les charcutiers de Paris étant fermés ce jour-là.

⋞∙o∙o∙⋟

Autre scandale : Le *Frère* Patry, ancien banquier, à Tours, et *vénérable* d'une loge maçonnique, va passer en cour d'Assises pour avoir assassiné sa femme.

⋞∙o∙o∙⋟

Les autres *Frères* des Clubs de Paris qui ont été condamnés par les tribunaux entendaient la *Fraternité*, l'*Egalité* et la *Liberté* de la manière suivante : Le *Frère* Peyrouton : — « L'hérédité est cause que quelques-uns ont la grandeur et la puissance, le plus grand nombre l'abaissement et la misère. Pour arriver en ce monde, il faut être violent et voleur... Je veux l'anéantissement radical de la propriété... Les exacteurs du peuple ont été fouettés jadis par la main du Maître. — La bourgeoisie ! je lui ai voué une haine profonde, elle a accaparé tous les monopoles. La Révolution sociale gronde ; elle va vous anéantir, vous et vos biens. »

Le *Frère* Gaillard : — « Je viens combattre l'hérédité, sous quelque forme qu'elle se produise ainsi que la légitimité de la propriété individuelle ; c'est donc vous dire que c'est un communiste qui vous parle... Le temps n'est pas loin où ceux qui ont le poignet dur et savent manier le marteau, n'auront pas beaucoup de peine à mettre les autres à la raison..... Le mariage est injuste.. ·

Le concubinage est le seul mariage de l'homme d'honneur. »

Le *Frère* Raoul Rigault, étudiant en médecine, 22 ans : — « Je veux la promiscuité du sexe. Le concubinage est un dogme social. »

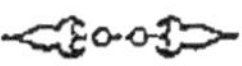

On a condamné ces aimables citoyens, au lieu de les envoyer à Charenton. Ces gens-là ne devraient relever que des aliénistes.

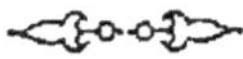

Les courtisans sont partout les mêmes : le feld-maréchal Wrangel appelle, dans une allocution, le roi de Prusse, son auguste Maître « *Consolation* des cœurs affligés ! » Transformer le bourreau de l'Allemagne en Saint Vincent de Paul, n'est-ce pas le comble de l'impudence, et dans la bouche d'un courtisan, le comble de la bassesse ?

M. Thiers a beaucoup reproché à M.

Haussmann d'avoir spéculé. Et M. Thiers, donc ! ce petit fin matois à museau de renard ne nous fera pas croire, à nous qui l'avons connu au pouvoir, qu'il a gagné ses palais, ses châteaux et ses millions avec sa plume. Et le papa Dosne ? N'a-t-il jamais spéculé, spéculé à coup sûr ? M. Thiers est le maître de ces farceurs libéraux, très *démoc*, dans l'opposition, et très *réac*, dès qu'ils ont pu escalader le pouvoir. Il est le type du faux bonhomme orléaniste. Lui libéral ! Et les lois de septembre, et Transnonain et les fortifications ? Et tant d'autres !!!.. Ce bourgois très-surfait a mérité ce mot du préfet de la Seine : « Ce petit Thiers ! Au moins j'ai bâti des maisons qui peuvent loger les Parisiens ; tandis que lui, il a bâti des fortifications qui ne sont bonnes qu'à les démolir ! »

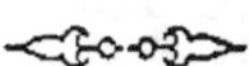

Nous manquons d'argent, dit-on, pour acheter des matériaux. — Eh bien ! qu'on démolisse les fortifications, œuvre de M.

Thiers ; cela fournira des pierres et donnera
du travail aux ouvriers.

M. Haussmann n'est pas, peut être, ce
qu'un vain peuple pense. Des esprits fins
inclinent à regarder ce gigantesque maçon
comme un fameux Démocrate. En effet,
tandis que les démocrates théoriques, les
descendants des fétiches de la première révolution se contentent d'aboyer et de faire
toujours le même discours, et ne prêchent
que la destruction, M. Haussmann ne dé-
molit que pour rebâtir au plus tôt, et dans
les conditions d'une opulence et d'un con-
fortable qu'aucune personne raisonnable
ne peut nier. Il suffit pour cela de pénétrer
dans les rues puantes et malsaines auxquel-
les ce préfet foudre n'a pas encore touché.

M. Haussmann est donc un Démocrate
pratique qui bâtit des palais pour le Peuple,
et que le Peuple habitera avant peu. Les
propriétaires sont obligés déjà de rabattre

beaucoup de leurs prétentions en matière locative.

M. Haussmann, démocrate, emploie, aux frais des bourgeois, des contribuables, manans, modernes laittables et carrossables à merci et sans merci, — 400,000 ouvriers pour construire des palais dans Paris.

Quand il aura achevé cette œuvre gigantesque, ce Père du Peuple — bien autrement Père du Peuple que Havin, Jules Favre, Pelletan et autres blagueurs, — s'occupera de meubler les susdits palais.

Quand ils seront meublés, il appellera le peuple souverain et lui dira : — « Voilà des logements presque pour rien, des meubles à vil prix; sois heureux! »

Et comme la toilette du peuple ne serait pas en harmonie avec ces splendeurs, M. Haussmann fera habiller avec luxe et toujours presque pour rien, le Peuple avec des vêtements qu'il aura fait confectionner, toujours aux frais des contribuables, pour son ami le Peuple.

Cela fait, **M**. Haussmann, pour donner du travail au peuple, redémolira Paris pour le reconstruire, et toujours comme cela jusqu'à la fin des siècles, car M. Haussmann ne mourra pas ; pour le bonheur de l'humanité, il est Eternel. C'est un type. Les faux Démocrates l'appellent *fléau* ; les multitudes reconnaissantes l'appellent *Providence*.

Les Démocrates pratiques sont les vrais, les utiles ; les sœurs de charité sont plus démocrates que les dames de certains Jacobins qui, pas plus que leurs maris, ne donnent aux pauvres que de l'eau bénite de ruisseau. J'aime encore mieux celle de cour, elle est plus propre.

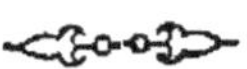

Je voudrais voir les femmes de nos prétendus *représentants du peuple* visiter les pauvres, les soulager et les consoler, et fonder des hôpitaux.

Quand donc ces aristocrates de la République, ces Pachas du libéralisme se sont-ils penchés amoureusement vers les foules courbées ? — Des discours ! des phrases ; voilà tout. Il en est un, avocat et député rouge encore à cette heure, très-riche — très-humain en paroles, — qui répondit à un pauvre diable, qui lui demandait un service, par un refus, et le tartufe Jacobin ajouta : *L'aumône dégrade ! L'aumône énerve ! Quand on a faim, on prend un fusil !* Je vous dirai son nom aux prochaines Elections, il ne faut pas qu'un pareil homme soit renommé *par ceux qui ont faim !...*

Le démocrate feu Havin était d'une avarice sans exemple. Le *Siècle* lui ayant affecté une somme très ronde pour soulager certaines misères, le frère et ami Havin s'en servit *pour son Election,* au lieu de puiser dans sa caisse qui regorgeait d'or. Nous tenons ce fait délicat d'un rédacteur du *Siècle*

qui, à la mort du citoyen Havin, s'écria :
« *Enfin je suis libre !* »

Du reste M. Havin n'a pas emporté ses trésors dans sa tombe. Il est mort comme son père le Régicide, *civilement.*

⋘⊷⊶⋙

Comme la plupart des chefs du parti démocratique, Arouet dit *Voltaire*, le *divin maître* de feu Havin, Directeur du *Siècle*, journal des *masses-troquets*, — Voltaire n'était qu'un affreux Robert-Macaire. Le *Derby* publie sur ce charlatan la note suivante : « Messire François Arouet dit *de Voltaire*, chevalier, comte de Bernay, seigneur et patron, haut-justicier de Ferney, Versoy, Prégny, Chambéry et autres lieux, gentilhomme de la chambre de Sa Majesté le roi de France et de Navarre, chambellan de S. M. *le roi de Prusse*, chevalier de l'ordre royal du Mérite, etc., etc. ; est, il faut le reconnaître, *un singulier patron pour Messieurs les amateurs de Démocratie et d'Egalité !* Ce petit bourgeois, s'affublant de gentilhomme et devenant le *Pontife des Sans-Culottes* est une des meilleures *charges* du Panthéon révolutionnaire. — « *J'ai changé de nom,* écrivait Arouet à l'abbé Monssinot *pour ne pas porter ce vilain nom de paysan ! ! ! ...* »

Aimable et filial Egalitaire ! o Révolutionnaires ! voilà vos Dieux !

⬦

M. *De* Rochefort, M. *De* la Hodde dont il a suivi les traces, M. *de* Robespierre, et autres *marquis de la République,* comme les a appelés Chateaubriand, valent M. *de* Voltaire et M. *de* Mirabeau : Et c'est par de pareils intrigants que le peuple se laisse tromper !

⬦

Les Elections approchent ; c'est pour le 15 juin : *Indépendant de toute coterie* ; ni *officieux quand même,* ni *opposant systématique,* voilà notre devise. Nous ne recommanderons aux Electeurs que de très honnêtes gens.

Avant les Elections, il est très-important de lire la brochure les *Avocats*, pamphlet terrible contre cette corporation dont Napoléon Ier a dit : « *Les avocats sont un tas de bavards, artisans de Révolutions, qui ne sont inspirés presque tous que par le crime et la corruption.* »

La brochure *les Avocats* se vend 15 c. chez Madre, 20 rue du Croissant.

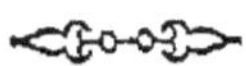

Plus de 400 avocats se portent candidats à la députation. C'est une rage, une véritable épidémie. Ceci nous rappelle ce mot de Balzac : « *Votre fils n'est bon à rien ; faites-en un avocat ! Son bavardage et ses vues deviendront peut-être des qualités sans ce métier-là ;* l'amour-propre donne de la langue à la moitié des avocats. »

Le *Figaro* fait semblant de recommander

la candidature de Rochefort. A qui ? Aux partageux.

⧄

Le journal le *Figaro* rédigé par quels gens vous savez, vient de recevoir d'une main honnête ce nouveau soufflet, dans les *Couleuvres* de Veuillot, ce Juvénal chrétien :

> Bonsoir, Paris, carogne aimée !
> Si quelqu'un vient, je suis sorti.
> Me voici hors murs, bien parti,
> Loin de ton haleine embeaumée.
>
> Vers toi s'envole la fumée :
> Qu'elle t'étouffe ! et que Titi,
> Ton amant le mieux assorti,
> Y perde sa voix enrhumée !
>
> Par les soins de tes *Figaros*,
> Invite à ton lit des *escrocs*
> Et des *Titis toujours plus sales* :
>
> Va gueuse ! et prends-en à mourir ;
> Et qu'on te voie enfin pourrir
> Dans tes ordures colossales !

⧄

Un faiseur de romances grivoises et de chansons obscènes, M. Eugène dit *de Lonlay*, auteur de : *Ce que Vierge ne doit lire* se présente à l'Académie française pour le fauteuil du fabuliste voltairien Viennet. Pourquoi ne lui succéderait-il pas ?

Quand il y a tant de pauvres qui ont faim et froid, un drolet qui brûle des billets de banque pour allumer ses cigares, le jeune Narischkine, archi-millionnaire russe, vient de perdre au jeu, au cercle de la rue Royale, la bagatelle de *cinq cent mille francs.*

Malheur aux pauvres ! malheur aux vaincus ! malheur aux morts ! Aux obsèques de Berlioz, on devait exécuter enfin sa musique, son *ami* Littolff y substitua la sienne. Le bon ami qu'avait Lachâtre !

Le nouvel opéra est un des étonnements de Paris. On ne peut contempler sans sourire ce monument ridicule avec ses groupes et ses statues en cuivre, ses colonnes roses et son architecture insensée. Cela ressemble à une œuvre de charcuterie et encore à un immense gâteau.

Autre four : cette rue nouvelle qui aboutit à l'opéra, a brisé la rue de la Paix et tout un quartier fort beau. Que de dépenses inutiles, et sans aucune raison d'être !

Les *frères* Pelletan, Jules Simon et Jules Favre, partent en tournée électorale. Ils se dirigent vers le Midi, où ils vont se montrer en public et parler. Ces commis-voyageurs en élections circulent avec l'argent du comité central de Paris. On dit qu'outre leurs frais de route, ils sont appointés.

— « *Le violon mène à tout* » disait Paganini. M. Troplong, président du Sénat avait été d'abord..... violoniste dans une petite ville du Midi. Et bien qu'il fut devenu le premier magistrat de France, il n'avait jamais fait son droit. Il n'était pas même avocat. Ce qui prouve qu'on peut être sans être le collègue de Mes Gambetta ou J. Favre, un Jurisconsulte de mérite.

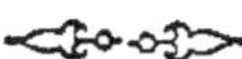

La lettre du Saint-Père à l'archevêque de Paris, publiée par M. Emile Olivier et reproduite par plusieurs journaux, a produit la plus vive sensation. M. Emile Olivier a fait là un beau coup !

Les *ex-frères*, E.., et D... députés de Paris, qui ne seront pas renommés, ont une espérance robuste et digne d'un meilleur sort : l'autre jour ils se sont offert mutuellement un banquet chez Foyot, en face le Sénat, afin de pouvoir s'écrier après boire et en contemplant le Palais des Pères

Conscrits : « C'est là où nous serons, ma vieille »

En vérité on n'est pas plus comme il faut !

⋖⋗∘⋖⋗

Une des filles Parent racontait hier à Ricourt que celle de ses sœurs qui a pour *chevalier* un écuyer, gendre d'un guerrier célèbre, lequel a été jadis réclamer les deux cascadeuses arrêtées, — lui aurait appris que Mme de H .... briguait la couronne d'Espagne. Et pourquoi pas ? Mme de H.... est un écrivain hors des lignes et une vertu très-éprouvée.

⋖⋗∘⋖⋗

Quant aux deux demoiselles Parent qui ont été, un moment arrêtées, parce que, sans doute, leurs allures, à deux heures du matin, ne trahissaient pas suffisamment leur sainte vertu, attestée par Léonor, Polyte, Wolff, Rochefort (lanterne 20), elles ont eu bien raison de faire tout ce bruit ; destituer l'agent ne suffisait pas il fallait le faire périr sous le *rasoir natio-nal*. Prendre les actrices pour des filles légères, c'est là un crime que la mort dans les plus affreux supplices ne peut assez châtier. Des danseuses, des M^elles *Montre-tout*, — qui, sur la scène se décollètent par en bas comme par en haut, — ont droit à tous les égards, même quand, après minuit, ces coureuses de ruelles circulent en chantant — des cantiques, sans doute, les saintes filles ! — et en exécutant des danses *nationales* — je voulais dire des *danses pieuses*, comme jadis David devant l'arche. Si l'on ne respectait pas ces honnêtes femmes, il faudrait désespérer de la morale. Les bonnes mœurs se sont réfugiées au théâtre ; elles se manifestent, la nuit, dans la personne des soupeuses en goguette. Par contre, l'exemple des mauvaises mœurs est donné par les pères de famille qui se couchent à dix heures, et par ces coquines de sœurs de charité, qui soignent hypocritement les malades, pour leur arracher des Testaments en faveur des Jésuites. Les *immortels principes* seront sauvés par les demoiselles de l'opéra !

C'est la susdite Mme de H.... qui a écrit
cette belle phrase, digne du trône : — « Si
Adam et Eve n'avaient jamais eu de filles,
je n'aurais jamais été princesse ! »

— « Quand je serai Reine d'Espagne, dit
la même, je ferai fusiller tous les généraux, afin de n'être pas trahie. »
— « C'est affreux ! lui dit-on.
— « C'est un mot, reprit-elle ; il *n'y a
pas de mal à faire des mots.* »
Quoique très myope Mme de H.... est pleine de traits.... et *d'attraits,* ajouterait Ricourt, déjà nommé. Guéroult le lui a af-
firmé sur les *immortels principes.*

On ne pourra pas accuser Mme de H....
d'être une reine galante : elle a un vrai
mari ; un des plus grands génies modernes, sans compter, que comme Jules
Favre et Glais-Bizoin, il est un des plus

jolis garçons d'Europe. Ah ! comme on aime à se repaître dans ce monde de poche, de lumière, de vertu ! Et que je suis heureux d'apprendre que Mme de H.... va nommer les demoiselles Parent... demoiselles d'honneur !...

Enfin !

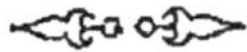

Rochefort a donné un certificat *de vertu* aux filles Parent. Elles sont liées avec Cora, avec la Dantigny, avec toutes ces autres.... honnêtes femmes...... qui font parler d'elles. Le *Figaro*, dans le compte-rendu du *Petit Poucet*, a dit qu'on avait remarqué plusieurs.... dames.... célèbres... dans une loge, parmi lesquelles *deux des demoiselles Parent.* Donc ces personnes sont très-connues dans le monde des *cocottes* et des *petits crevés.* Pourquoi M. Rochefort ne le dit-il pas ? Pourquoi ne rappelle-t-il pas les affaires dans lesquelles ces austères vertus ont été..... compromises ? Pourquoi, puisqu'il peut tout dire impunément en Belgique, ne nomme-t-il pas en toutes lettres les deux puissants protecteurs qui ont été réclamer ces anges de pudeur, dont l'un est l'Ecuyer, gendre du guerrier B..... ? Car ce n'est pas sur la recommandation de l'ex-garçon brasseur Villaret qu'on a relaxé ces deux divinités.... sans garantie du Gouvernement.

⋘⋙

L'avocat X.... défenseur de Lacenaire, de la femme Bancal et du *Figaro* est un candidat bien ridicule. Ce grotesque orateur des cours d'assises distribue aux populations des pendules en zinc et son propre buste en plâtre, en costume d'ouvrier comme feu Schmitt, et aussi en veston de chasse comme il était l'autre jour, en plaidant, devant la première chambre. Quand les filles Parent seront nommées rosières, c'est Me X.... aimé du Ciel, qui les couronnera. Comme ami du *Figaro*, ne mérite-t-il pas, ce Démosthène du bagne, de devenir un personnage ?...

Le Pellican blanc de la démocratie rouge, M. Eugène Pelletan, ancien orléaniste aujourd'hui député — il s'intitule *représentant du Peuple* ; est un écrivain mou, flasque, ennuyeux, impur. — Il imite Lamartine, comme l'égout infect imite le fleuve au cours altier. M. Pelletan qui a refusé à ses enfants le baptême, — qui a insisté pour les élever en *païens*, — est assurément un des figures les plus laides de ce temps horrible. Il échappe, par sa nullité, aux grandes flétrissures. C'est un athée obscur ; c'est un grotesque sans théâtre éclatant. Il travaille comme le paillasse infime, sur les places publiques, avec un vieux tapis râpé, quatre chandelles de six, deux poids, un gobelet, — petit bagage ! Ce qu'il dit au peuple, son boniment, le voici : « Je suis pauvre, je suis haineux ; j'exècre toutes les supériorités sociales ; je suis médiocre et par conséquent envieux, jaloux, déclassé, plein de fiel ; je m'efforce d'être perfide et je donnerais ma bosse et ma barbe blanche, et mes actions de la *Tribune*, journal des *tribuns*, pour persuader au Public qu'en dehors de moi, il n'y a rien. Je suis courageux, les rois vaincus, je les traite par-dessous mes jambes, ces fameuses jambes qui m'ont tant aidé en 1851 à me cacher comme un brave.

« Je suis un insulteur public ; je crache sur les souverains dès qu'ils sont à terre. »

Ce bonhomme, singe de Robespierre, est-il assez ridicule ? Lors de sa nomination comme député, des vierges folles, payées par le *Comité d'action*, allaient se jeter aux pieds des Electeurs, en pleine rue, offraient des bulletins Pelletan, en pleurant, suppliant, criant : « — Bon Monsieur ! Par pitié ! Nommez-le ! Il n'est pas méchant ! *Et puis il est si malheureux !...* »

Ce voyant, des farceurs se prosternaient aux pieds des passants en criant : « — Votez pour Pelletan ! Il a des filles à marier ! »

Cette Scie dura quarante-huit heures. — Elle égaya fort ceux qui trouvent que la vie est folâtre, comme comédie, et qu'il y

a toujours à rire en voyant s'agiter les pî-
tres de toutes sortes. Prendre au sérieux
Pelletan, c'est croire à Gagne, c'est nommer
Battur, c'est respecter Mengin, c'est acheter du vin chez Champroux, de la littérature
chez l'*avachi*. — C'est, enfin, être idiot.

M. Pelletan n'est donc pas un personnage avec lequel on puisse compter. Il
n'est qu'un comparse, un troisième rôle,
une *utilité* ; il est ce vieux *père noble* qu'on
emploie dans tous les genres comme *bou-
che-trou* ; il est *figurant* ; il est *tapisserie* ;
il est *soliveau* ; au besoin il est souffleur ;
il serait pompier, même pompier du 15
mai !...

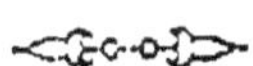

La petite presse fait toujours des siennes. Hier chez un imprimeur, l'un des in-
dustriels qui fricotent le *journal des Tru-
keurs* a dit, à son collaborateur à ce papier
obscène de très-gros mots : — « Tu as *em-
poché* 10,000 francs pour les annonces du
banquier P.... ! Tu fais des *réclames* à ton

compte. » ..... etc.... — Un cartel, ma foi !
— Deux témoins nous ont raconté la chose.
On s'est embrassé chez Péters... Ah ! si
le Public était dans la coulisse des journaux,
des théâtres, des restaurants, il s'écrierait :
— « *Quelle cuisine, je n'en veux pas manger !* »

Revenons au moelleux Pelletan. Ce
brave outrage la Reine d'Espagne dans les
termes les plus grossiers. Les dames de
la Halle rougiraient d'employer un pareil
langage vis à vis d'une infortune quelcon-
que, fût-elle méritée. Mais pour plaire à la
canaille, à la vile multitude, M. Pelletan
ne recule devant aucune bassesse de langage, devant aucune ignominie de pen-
sée. Le vrai Peuple appréciera ! Dieu merci,
le peuple, les travailleurs, vous, lecteurs,
vous n'ètes pas tombés si bas que d'admi-
rer l'insulteur d'une femme abîmée, trahie, meurtrie à tous les endroits sensi-
bles du cœur, calomniée comme épouse,

comme femme, comme reine, comme
mère, comme martyre !.....

Ah ! quand on veut conduire les foules,
quand on se pose en Mentor des multitudes,
il faut, avant tout, être bon ; car la bonté,
c'est ce qui fait l'homme vraiment grand.
L'amour est plus fort que la haine, et, en
tout cas, la pitié pour les vaincus est la
loi suprème des cœurs généreux. La bonté,
c'est le sceau divin qui marque l'homme et
le recommande à l'estime et aux suffrages
des honnètes gens. C'est la pudeur du vain-
queur ; c'est la couronne de la victoire ;
c'est, en somme, ce qui distingue l'homme
de bien des coquins et des bètes féroces.
En insultant une femme abattue, M. Pelletan, député, a manqué à la loi de l'honneur, et il s'est placé au banc de l'humanité.

Il s'est fait le complice du triste Edmond
About, — cet autre lécheur de guillotine,
cet autre *équarrisseur de chair humaine*,
selon le mot de Chateaubriand.

Le tribun Pelletan a adopté, pour insulter
la reine proscrite, la forme épistolaire ;

ce manant termine par cette apostrophe grossière, qui le peint tout entier lui et son parti : « — *Passez votre chemin, je ne vous salue pas !* »

On s'en moque, pas mal, *de ton salut,* vanupieds !

⊰∘⊱

Les *frères* de M. Pelletan, en Espagne, viennent de s'approprier le mobilier et les objets précieux appartenant en propre à la Reine et qui étaient à l'Escurial. Les mêmes *frères* ont fait afficher sur les murs, *Mort aux voleurs !* Cela ne s'est pas passé autrement chez nous en 1848.

D'autres *frères,* viennent à Antequerra, de piller un couvent de religieuses et d'y mettre le feu. MM. Peyrat, Pelletan, Delescluze, Nefftzer, Guéroult-Juarez et leurs amis ne se sentent pas d'aise.

⊰∘⊱

Voici une réflexion très vraie de M. Jules Richard, à propos d'une réunion grotesque de gens qui s'intitulent *Écono-mistes* et se sont réunis à la salle de la *Redoute* pour pérorer :

« Les *avocats* et les *journalistes* sont *la plaie* de ces sortes de réunions ; les journalistes ont les poches pleines de *systèmes irréalisables* ; les avocats *fluent des phrases toutes faites et qui ne signifient rien.*

« En 1848, *les avocats, les journalistes et les pharmaciens* — autre plaie des révolutions — ont tout gâté avec leurs discussions sans résultats. »

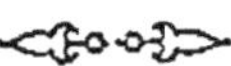

La débauche démagogique abuse de l'impunité : Dans une réunion dite *privée,* mais en réalité parfaitement *publique,* le citoyen Eugène Pelletan a prononcé ces paroles : — « *Vive la république démocratique et sociale !* Pour elle, je serais fier de mourir sur une barricade ! » Farceur ! je l'en défie, bien. — Et pourquoi, puisque telle est sa conviction, a-t-il *prêté serment à l'Empereur ?*

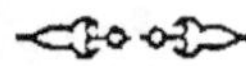

Les frères sont toujours les frères. Le *frère* Michelet, dans la préface qu'il vient de publier de son *Histoire de la Révolution* donne une volée de bois vert au *frère* Louis Blanc, auteur d'une histoire semblable. Le premier est dantoniste, le second robespierriste, *inde iræ.* Ces deux écrivains ne s'entendent pas le moins du monde sur les points essentiels. Leurs disputes nous rappellent celles des protestants entre eux.

Le marquis de Villeneuve-Bargemont, l'un des hommes les plus nuls que je connaisse, n'est pas d'une générosité folle. Il change souvent de valet. Un sien secrétaire, ne pouvant s'accommoder avec lui fut contraint de chercher fortune ailleurs, où il fit mieux ses affaires. Le marquis, le rencontrant un jour, mis avec élégance, grâce à un bel habit, (lui-même est sordidement vêtu comme un bedeau râpé) crut

ontrer beaucoup d'esprit en lui disant;
Par la sembleu, mon tout bon ! Vous
ilà bien vert ! — C'est que, répondit
utre, je sème en bonne terre ! »

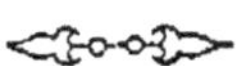

Le même, étant maire, fait garder sa
e, pendant que sa seconde femme est en
uches, par des agents de l'autorité : —
Est-ce qu'on *pave* la voie ? demande un
ssant arbitrairement empêché de circu-
r. — « On *dépare* l'humanité, » dit un
isin du marquis.

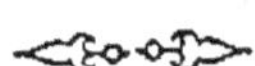

La même commande à un peintre de
i reproduire ses *armes*, pour donner à
 tapissier chargé de les faire broder
r une portière. Le peintre lui demande
 'elles sont ses armes : il dit qu'il veut un
âteau d'or en champ de gueules, et que
dans il faut placer un chien aboyant, et
la porte un homme d'argent, tenant à sa
ain une épée. Lorsque le peintre apporta

les armoiries, le marquis trouva le châtean fort bien fait, et l'homme aussi en fort bonne posture, mais n'oyant pas de chien aboyer, il lui demanda d'où venait qu'il n'entendait pas sa voix ; le peintre voyant sa simplicité, lui répartit : » Ah ! monsieur, il est à présent heure de dîner, sans doute il est à la cuisine, qui s'amuse à ronger quelque os. » Ce que le marquis prit pour argent comptant.

⸻◈⸻

— Pourquoi Guéroult, dit *Courrier de Lyon*, a-t-il si peu de barbe ? demande l'autre soir Glais-Bizoin, à son amie Rigolboche, dont il fit, on s'en souvient, la connaissance à Mabille. (Il s'en est assez vanté dans les feuilles !) — « Parceque, répond la sauteuse au député, il était impossible que la barbe eût pu pousser à l'abri d'un si grand nez. » — C'est ainsi que nous voyons les haies et les pallissades fort claires, quand elles se rencontrent à l'abri d'un grand arbre. » Cette dernière phrase fut prononcée, du fond de la loge,

ar le faux savant Barral, ami de feu Bixio,
t *candidat perpétuel* à la députation dans
a bonne ville de Metz.

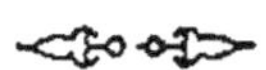

Les Espagnols sont un peu gascons. Dans
a dernière guerre civile, un général en-
end sonner l'alarme, il tremble comme
a feuille. — Comme vous tremblez ! s'écrie
n français qui se trouvait là ? Ce n'est pas
e périr au moins ? — C'est de la grandeur
e mon courage que ma chair tremble,
épondit-il ; car comme elle est ordinaire-
nent fragile et timide, *elle tremble de peur*
our le danger où elle prévoit bien que mon
ourage la portera tantôt !..

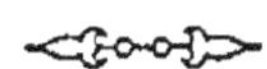

Je dis même que les Espagnols enché-
issent encore par-dessus les Gascons : un
énéral Espagnol (presque tout le monde
st général dans ce pays-là) voulant témoi-
ner quel carnage il prétendait, le fanfa-

ron, faire de ses ennemis, en une bataille qui se devait donner le lendemain, dit : — « Je veux que le nombre de ceux que que je tuerai soit si grand, qu'au lieu de cette spécieuse vallée, on voye une haute montagne de corps morts, et que le soleil, le lendemain matin, voyant une montagne au lieu où il était accoutumé de voir une plaine, croye s'être égaré de son chemin. Je veux que les fleurs de ces près flottent dans des ruisseaux de sang humain ; et que ces herbes que je foule aux pieds, se réjouissent seules de cette misère commune, car je leur donnerai lieu de contester de couleur avec les œillets, puisque en dépit de l'Aurore qui, à force de pleurs les fait naître vertes, je veux qu'elles meurent rouges ! »

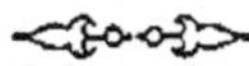

Un autre espagnol (toujours général) voulant menacer son ennemi, qui faisait mine de vouloir se battre contre lui : — « Sors, sors, lui dit-il, malheureux ! si tu

as assez de cœur pour paraître devant moi,
je te veux réduire en tant de morceaux,
que le plus grand étant jeté au vent, donnera moins d'ombre au soleil que le plus
petit de ses atomes !..

⋖⊰o⊱⋗

L'immoralité n'est pas seulement dans
le roman, dans la politique, dans la vie sociale, dans le journalisme, elle est encore
au théâtre. Entr'autres pièces d'une obscé-
nité révoltante, on joue à Bruxelles, —
pays gangrené par les libres-penseurs et
les libres faiseurs de toutes les nations, tout
ce qu'il y a de plus horrible. *L'Indépen-
dance belge*, l'un des journaux les plus cy-
niques et les plus méprisables, applaudit
à ces turpitudes, comme à toutes les autres.
Bruxelles n'est plus qu'un foyer infect de
démoralisation dans tous les yeux, et cela
grâce à la licence effrénée de la presse.

Le jour où, à la barbe de la Prusse, la
Belgique sera redevenue française, ce pays
sera plus respecté, plus riche et plus heu-

reux, et définitivement libre et à l'abri d'un coup de main.

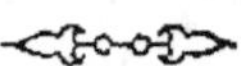

Le libraire Chamerot publie une nouvelle de la prétendue *Histoire de France* du citoyen Michelet. Jamais ce bonhomme, amant de la Révolution, n'a plus divagué que dans ces folles pages. Aussi lourd que Henri Martin, ce craquement de la maison Furne, il est l'émule de Louis Blanc avec qui il a traîné, en 48, sa gueuserie dans les ateliers nationaux. On ne saurait croire à quel degré de cynisme et d'aveuglement descendent ceux qui ont trahi Dieu. et la société. Nier le devoir, préconiser le matérialisme, — c'est leur lot.

Une scène au *journal des Débats* : M. John Lemoine, ayant à rendre compte d'un combat entre les Anglais et les Indiens, voulut appuyer furtivement sur les avantages remportés par les premiers. Il dictait, en

onséquence, à Clément Caraguel, tout ce
u'il croyait capable de faire briller la va-
ur des Anglais : — « Et dans ce combat,
isait-il, *trois mille* Indiens ont perdu la
ie. » Caraguel l'interrompt : — « Je crois
ue vous vous trompez ; sur le bulletin, il
y a que *trois cents*. — « C'est vrai, dit le
on rédacteur, anglais, mais, bah ! mettez
ois mille ; de ces gueux d'Indiens, *on*
en saurait trop tuer ! »

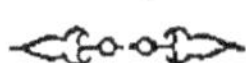

Louis Ulbach, dit *Ferragus*, bien con-
u par l'exiguité de son génie et la lour-
eur de sa personnalité, — bien connu en-
ore pour sa naïveté bête, et son langage
urlesque disait, l'autre jour, en parlant
'un écrivain qui l'a lardé de ses épigram-
es : — « Il est insupportable ; il *m'acca-*
re. » Etant sauteruisseau, il arrive en
etard à l'étude. — « Pardon, c'est la femme
e mon garni qu'est morte. — Qu'avait-elle
onc ? — Oh ! presque rien ; un petit bou-
on à la jambe ; elle l'a gratté, et la *migraine*

s'y est mise. » Etant petit clerc d'huissier, — « Patron, dit-il, je viens vous demander un congé ; ma sœur se marie. — Tu as donc une sœur ? — Oui, monsieur ; nous sommes deux enfants, une fille et un garçon ; *c'est moi qui je suis le garçon...*

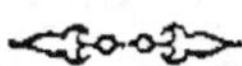

Un journal rouge dit que les électeurs de l'Aube ont les yeux sur Ulbach dit Ferragus. C'est là une pure calomnie. Les électeurs de l'Aube sont trop honnêtes gens pour s'occuper d'un pareil homme.

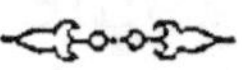

Le duc de Northon a fait, dans son testament, des legs à tous ses serviteurs, excepté à son intendant. — « Je ne lui donne rien, dit-il, *parce qu'il me sert depuis vingt ans.* »

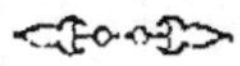

Avant Wolff, le juif prussien son père

faisait des mots : Etant usurier et négociant, il mit dans sa lettre d'envoi à un marchand : — « Vous trouverez des marchandises avariées ; *mais ce n'est pas vrai, ce doit être la douane.* »

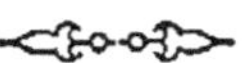

— Où coures-tu si vite, spirituel père Legendre ? — Chercher le médecin. *Simia* a les *cinq-hommes* de la mort !

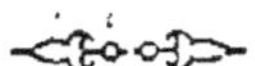

Cette semaine Guéroult, député Saint-Simonien envoye à l'alsacien Nefftzer un panier rempli de provisions et une missive qui contenait en manière de post-scriptum : « Tu trouveras ma lettre *au fond du panier.* Si par hasard, tu ne la trouvais pas, *écris-le moi sans retard.* »

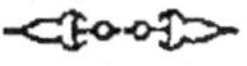

Guéroult-Juarez-Lavarenne, qui ne sera

pas renommé à Paris, rapporte un couteau de Chatellerault. Il le montre à son collaborateur Labbé : — « Je te remercie, dit celui-ci en le mettant dans sa poche. — Rends-le moi, s'écrie Guéroult, *ou je te le flanque dans le ventre !* »

Les généraux espagnols qui se sont tournés contre leur Reine croient devoir encore porter les croix et les titres qu'ils ont reçus d'elle... L'ingratitude est un vice de l'âme que la reconnaissance embarrasse.

> *On ne se souvient que du mal,*
> *L'ingratitude règne au monde.*
> *L'injure est gravée en métal,*
> *Et le bienfait s'écrit sur l'onde.*

Lors de la disgrâce du duc de Choiseul, Voltaire, qui n'avait cessé de l'encenser des plus basses adulations pendant son ministère ne fut pas plutôt instruit de sa chute, qu'il donna les éloges les plus outrés aux opérations du chancelier Maupeou, ennemi déclaré du duc. Celui-ci s'en vengea en couvrant Voltaire d'un ridicule qui annonçait publiquement son ingratitude : il fit placer sur son château de Chanteloup une girouette bien mobile, représentant la tête du philosophe.

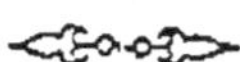

Les honnêtes gens aiment et respectent les femmes, — ce type sacré ; vierge, fille, épouse, mère, sœur, — ce type réhabilité par l'Evangile, selon le mot du P. Lacordaire. Mais encore faut-il que la femme soit respectable, qu'elle comprenne sa mission sainte ; il faut qu'elle ne soit pas une honte par ses mœurs, un scandale par ses destinées. Il faut qu'elle ne s'appelle ni Aspasie, ni *Simia*, ni Phrynée, ni Cora, ni Brinvillers, ni Théroigne de Méricourt, ni tant d'autres. Il faut encore que la femme conserve ce duvet précieux qu'on appelle la pudeur, gloire de son sexe, et ne se jette pas dans les extravagances fouriéristes et autres. Ces refléxions me sont inspirées par les Réunions du *Vaux-hall*, dit vulgairement *Veau-sale*. C'est un bal ignoble, comme tous les bals où les Lespès vont offrir leurs charmes et leurs crisokales à l'admiration des Dulcinées plus tolérées que tolérables. Cette salle, aimée des sauteuses et des francs-maçons, a été choisie par une poignée de femmes toquées par les enseignements des Réformateurs modernes, pour, sous la présidence d'un affreux crétin, divaguer en public sur les *Droits de la femme*, sur l'*Emancipation de la femme* et autres sottises, filles des *immortels principes de* 89.

Ce club féminin rappelle les ridicules réunions du même genre qui ont tant contribué à déshonorer 1848. *La déclaration des Droits de la femme* est encore plus comique, dans l'histoire de la folie humaine, que la *déclaration des Droits de l'homme*. Pensez-donc à vos Devoirs, tas d'imbéciles, et les Droits vous arriveront par surcroît. Ces Vaux-halliennes, mégères, bas-bleus, indisciplinées, sans frein, feraient mieux de se vouer aux soins domestiques, de rac-

commoder les culottes de leurs maris et de
repriser leurs propres bas, d'écumer avec
soin leur pot au feu, de tenir propres leurs
enfants et de leur apprendre leurs prières,
plutôt que de se donner en spectacle en
prêchant de périlleuses innovations et d'im-
praticables et grotesques utopies. Qu'elles
abandonnent les *vénérables principes* de
l'anarchie pour les principes séculaires de
l'ordre moral et de la vertu. C'est le conseil
que nous lui donnons, par charité , et
qu'elles feraient bien de suivre, si elles ne
veulent pas finir leur *apostolat régénérateur*
dans une maison d'aliénés.

Quant à l'Homme qui a organisé cette or-
gie et qui y préside avec des sourires que la
pudeur m'empêche de qualifier comme ils le
méritent, je n'y vais pas par quatre che-
mins, je n'hésite pas à demander sa tête.

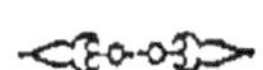

Voici une idée excellente et pleine de
cœur ; je la cueille avec plaisir dans les
feuilles, dussé-je passer pour le dernier des

courtisans : L'Impératrice va fonder un pénitencier dont la base a pour but la réhabilitation et pour moyen de confier à des familles villageoises honnêtes, des réfractaires, afin que, se retranchant dans une vie laborieuse et probe, ils se laissent gagner par le spectacle des vertus domestiques et par l'émulation.

La ville de Paris vient d'hériter de 8 millions. M. Haussmann ferait bien, pour faire cesser des récriminations trop légitimes d'employer cette somme à faire paver, éclairer, assainir nombre des rues annexées dont les habitants, qui pourtant payent les mêmes contributions qu'au centre de Paris, sont livrés à l'infection, à la malpropreté et aux épidémies qu'elles engendrent. On n'est jamais content ; tout-à-l'heure, j'étais courtisan, maintenant me voici fâcheux !... Puisque les *annexés* payent 47 fr. pour l'entrée d'une pièce de vin dans Paris, sans compter les autres impôts comme dans le centre de la

Capitale, pourquoi ne leur donner ni éclairage, ni pavage, ni balayage ? Pourquoi, malgré leurs incessantes réclamations, laisser, certaines rues dans l'infection ?... Si l'Empereur, qui vient d'abolir les contributions pour les logements au-dessous de 400 fr, *(manœuvre électorale,* dit l'opposition systématique) si l'Empereur passait dans les quartiers dont nous parlons, il donnerait des ordres pour que justice soit faite.

Pour s'achever, le *Moniteur* vient d'embaucher un *écrivain* dit Timothée Trimm, pour confectionner deux chroniques par jour.

Bismark, le ministre prussien qui doit nous manger, a parié, en attendant, qu'il dévorerait une *épaule* de sanglier, un *lièvre,* un *faisan* et 24 petits *pains chauds* : un délai de deux heures avait été fixé pour l'exécution de ce pari. Or il y avait à peine une heure 1/2 que Bismark s'était mis à table, que déjà le dernier petit pain disparaissait avec une facilité incroyable. Ce qui a le plus surpris, c'est que, pour exécuter ce tour de force gastronomique, Bismark n'avait dans la bouche que deux dents à lui appartenant, toutes les autres lui ayant été posées par le célèbre Fattet, dentiste de Paris.

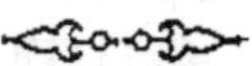

Il est probable qu'elles ne venaient pas de chez M. Fattet, ces 4 dents que Mlle Schneider a crachées l'autre soir sur monsieur l'avocat Lachaud, en chantant chez Mme de Solms la romance :

> Ne crois pas, ô mon ange,
> A leurs propos menteurs,
> A leur douce louange,
> A leurs mots enchanteurs.

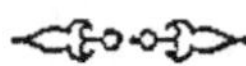

On demandait un jour à un rédacteur du *Figaro* :

— Que signifient donc ces mots placés en tête de votre journal : « *Villemessant, rédacteur en chef* ? Cet homme n'a jamais su écrire. « — Oh ! répondit-il, ce n'est pas *rédacteur en chef* qu'il faut lire, mais *chef des rédacteurs*. Nous lui laissons ça par complaisance. »

Deux chiffonniers se rencontrent ; l'un d'eux repousse de son crochet le *Figaro* :

Dis, prends donc ce papier qui est sur les pelures.

— Oh ! non, c'est un journal sali par trop d'ordures.

Le duc de Montpensier désire ramasser la couronné d'Espagne dans la boue révolutionnaire où son père a été chercher, en 1830, la couronne de France. Il est en cela fidèle aux traditions de sa famille, toujours jalouse d'usurper le pouvoir sur la branche aînée. Ah ! le triste roi qu'aurait-là, l'Espagne. Ce petit-fils de Philippe-Egalité, *le Régicide*, a été souffleté par Louis-Philippe, son père, qu'il a forcé d'abdiquer, en 1848 et qui lui écrasa sur la face la plume avec laquelle il venait de signer le papier d'exil. Ce même Montpensier, en février 48, abandonna les siens, sa femme et ses enfants, et se sauva, le brave! Le sang de Louis XVI étouffe les d'Orléans !

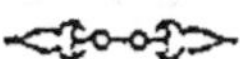

On se demande toujours à quel titre l'anglais John Lemoine a accompagné en Espagne son collaborateur aux *Débats*, Prévost-Paradol ?..

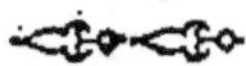

La presse honnête et chrétienne ne saurait trop élever la voix en faveur des esclaves de Cuba. On parle de les rendre libres. Quel grand mot ! Tant mieux !..

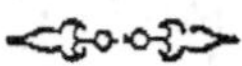

M. Jules Favre avocat et député est le **Palamite** moderne : il se regarde perpétuellement le nombril et le prend pour le centre du monde. Son nombril et Voltaire, voilà ses deux dieux.

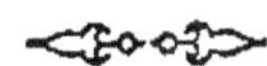

Voulez-vous des *Lanternes* ? Ecrivez à n'importe quel libraire de Bruxelles ; envoyez 10 fr. pour 3 mois, et pendant 3 mois, vous recevrez chez vous, franco, en France, chaque numéro de la *Lanterne* parue à Bruxelles tous les samedis. Je fais gratuitement cette réclame à Rochefort... pour être désagréable à de communs adversaires. On vend aussi des *Lanternes* dans presque tous les cafés.

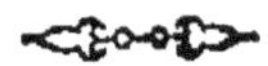

L'avachi, dans un de ses derniers numéros appelle ses collaborateurs des *Seigneurs*, c'est des *Monseigneurs* qu'il a voulu dire.

⸻⸻

L'éditeur Dumont s'est fait écrire un certificat de *probité*, d'homme de *cœur* et de *caractère*, par un certain Albert Brun. Quel est donc ce compère ? Parbleu ! un ami de la maison ! Il n'y a qu'au *Figaro* qu'on puisse, comme le fait **M.** Brun, s'indigner contre de honteux tripotages d'argent.

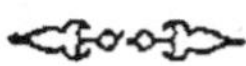

L'amour propre de certains hommes de lettres est quelque chose d'imaginable. Toute la presse a critiqué la mauvaise pièce (*Cadio*) de Georges Sand et Paul Maurice. Ce dernier publie un libelle furieux contre ceux qui n'admirent pas cette democ. ineptie. Il les traite de *réacs, d'imbéciles*, de *Jésuites*. Fallait-il donc applaudir *Cadio* sur parole ? Allons, les *libéraux*, en littérature comme en tout, sont les pires des tyrans...

Le borgne Buloz, de la *Revue des Deux-Mondes* est un parvenu hautain. Directeur d'un des journaux les plus pernicieux du globe, il a donné un mot d'ordre à ses rédacteurs, c'est de ne jamais parler de Dieu. — « Pourquoi donc, mon papa ? lui demanda

Pailleron, son gendre, — *Parce qu'il manque d'actualité !* »

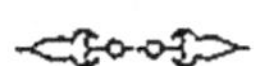

Les journalistes de la basse presse sont comme la vermine ; ils se mangent entr'eux : About appelle Ulbach Ferragus *une burette d'huile où par mégarde on aurait mis du vinaigre.....*

Les journalistes de la basse presse sont comme la vermine ; ils se mangent entr'-
eux : About appelle Ulbach Ferragus *une burette d'huile où par mégarde on aurait mis du vinaigre.....*

« — Crois-tu quelquefois en Dieu ? demande Ponson du Terrail à Timothée Trimm — « Oui, quand l'abonné donne. »

— Voici de jolies notes qui nous parviennent. Le rédacteur en chef d'un journal bruyant de Paris, où l'on exerce le chantage, a été *remercié* de Nantes et *prié* de quitter les cercles et la ville. Il vivait chez la fille Olympe, quai de la Loire n° 7, à Nantes. Allons, allons, il nous faudra raconter bientôt l'histoire de ce représentant de la presse vicieuse.

Il y a à Paris un *loueur de fruits pour les grands dîners*, et un *loueur de cheveux, à la soirée, à la semaine et au mois*. A Nantes le le vieux Cocodès dont nous venons de parler et son Olympe vendaient des esclaves, comme à Smyrne.

Ce prostitué mâle, a laissé à Nantes de ces souvenirs qui font rougir le moins timoré. Collaborateur d'Olympe, personne bien connue, quai de la Loire n° 7, — il était déjà ce qu'il fut à Paris : un industriel à la manière des marchands d'hommes.

Avant d'être entrepreneur de journaux à Paris, il y fut d'abord associé du *Gros Millan*, fabricant de préservatifs, puis marchant de contremarques. etc. etc.

Ce cynique truand de lettres, est, de tous les drôles, celui qui, de propos délibéré et le plus souvent dans un intérêt d'argent, a

pris le parti de parler ou d'écrire contre la
vérité. Ce grossier manant, avec sa panse
grotesque et ses abajoues immondes, est
encore plus menteur que Adrien Marc, que
Graindesel, et même que Vallès, qui n'a
qu'un zouave, tandis que lui a des milliers.
Un inspecteur des mœurs étant en tournée
un jour chez Olympe, à Nantes, dit à ce marchand de chair humaine, en se voyant entrer et avant de lui donner le temps d'ouvrir
la bouche : — « Cela n'est vrai ! — Mais je
n'ai encore rien dit. — C'est égal, tu vas
parler, maître coquin, et tu mentiras ! »

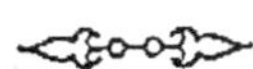

Je viens de recevoir, comme tout le monde
sans me déranger les derniers numéros de
la *Lanterne*. Rochefort tombe sur la reine
d'Espagne à la manière de Pelletan. Quel-
qu'un disait à un homme politique : —
« Comment ! vous ne pouvez donc pas em-
pêcher *la Lanterne* d'entrer quand vous
savez comment on vous y traite ? — Mon
cher, fut-il répondu, quand vous jetez un

domestique à la porte, vous occupez-vous de ce qu'il ira dire dans la cuisine de votre voisin ? »

C'est par Villemessant que Rochefort a été le plus abîmé.

Dans ce cavalier seul qu'il danse avec sa pause grotesque, Cartier dit Villemessant, dans le *Diable-à-quatre*, a soin d'ereinter Rochefort ; il le montre *paresseux, faible, imbécile*, écoutant *la dernière fille*, ou le *dernier fillet* qui parle, à la condition qu'on le flatte : quel pavé d'ours !.. Et puis il l'accuse d'être un libelliste et lui applique cette correction : » — Rochefort a dit de la mère de l'Empereur *ce qu'il n'aurait pas souffert qu'on dit de la sienne !...* Si j'avais été gouvernement, j'eusses été moins patient ; les 1^{eres} *Lanternes* eussent été saisies. »

O Rochefort ! quel coup de pieds de l'âne ! Et quel âne !... Un chien galeux. Voilà ton châtiment !... Et il te porte à cette heure candidat ! Villemessant déclare que ses petits-fils sont bien élevés et que, *par conséquent*, ils ne seront jamais journalistes. Bien élevés ! Alors, on ne leur laisse lire, ni la *Lanterne,* ni le *Figaro,* ni le *Diable-à-quatre.*

Remarquez la tendance atroce des pourris à mettre en cause leurs enfants en manière de 5e actes : Rochefort : « ma fille ! mon fils ! Leurs deux mères. Des demoiselles si aimables ! Et le fils de mon *ami !.* boulevard Richard Lenoir ! mon *enfant aussi !!..* »

L'Avachi *: —* « Mes petits enfants ! Eux journalistes, jamais, moi plutôt pendu !... Un tantinet pendu !... Plutôt que de les voir *mal tourner,* c'est-à-dire devenir *journalistes,* j'aimerais mieux les voir manquer d'orthographe ! J'aimerais mieux qu'ils soient *Noir !* »

Vous le voyez, tous les banquistes sont les mêmes ; et entre tous, les plus vils, sont les *écrivains* de la presse obscène. Ils font de leurs enfants des *croix de ma mère !*

En somme, en éloignant leur progéniture légitime ou naturelle des cavernes où ils commettent leurs forfaits, ces malfaiteurs de plume condamnent eux-mêmes leur genre de vie et flétrissent leur mépri-

sable industrie, comme elle mérite de l'être,
— et ils sont semblables à ces teneurs de
mauvaises maisons qui n'y reçoivent jamais leurs enfants, et leur cèlent avec soin
l'abominable métier qu'ils font.

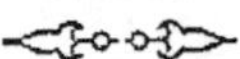

On va procéder aux Elections pour l'A-
cadémie française. Ceci rappelle que cette
compagnie a commencé en 1694 une seconde Edition de son *Dictionnaire* et qu'elle
n'en est encore qu'à la lettre A, *laquelle
n'est pas encore terminée !* Si ce n'est pas
se moquer du monde, comment cela s'ap-
pelle-t-il.

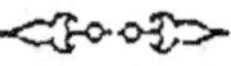

Je suis l'ennemi personnel et acharné
de l'intervention des femmes comme *réclame* par leurs parents ou leurs *amis*. M.
E. Fournier commet une pièce ridicule et
la fait jouer à l'Odéon; la pièce tombe, il
accuse de sa chute les *tapageurs du parterre*
et les *serpents du paradis*; il ajoute que sa

fille qui était présente s'est trouvée mal. On ne doit pas applaudir un auteur, sous prétexte qu'il a une fille sensible. L'émotion de cette enfant ne peut donner aucune valeur au drame de son papa. On ne peut pas applaudir un auteur parcequ'il a une fille sensible. C'est absolument comme quand Rochefort *dit de Luçay*, tendit un lâche guet-à-pent et frappa un pauvre imprimeur avec une canne plombée, et ce d'après les conseils de Vil-je-me-sens, Noir et Blavet, sous prétexte que cet imprimeur devait envoyer à l'une de ses femmes et à l'une de ses filles un pamphlet qu'il allait imprimer, et dans lequel la vie dégradante de Rochefort allait être mise à nue. Encore une fois, il faut que l'orgueil de tous ces plumitifs de bas étage soit bien immense, pour qu'ils sacrifient ainsi jusqu'à des femmes et s'en servent comme d'un piédestal. Mais les déclassés, les envieux, les jaloux, les ennemis du bien, du beau, du vrai, et aussi de tout ordre social et moral, sont capables de tout.

M. Frère-Orban, le Rouher belge, est fils d'un portier. — Il fit ses études comme boursier. Quand il eut ses premiers succès, son père s'écria : — « Ça ne m'étonne pas... *Ce mâtin là* vous a une g..,, il n'y a pas moyen de le remettre à sa place. » Ce bon père était portier de la loge maçonnique de Liége ; et franc-maçon lui-même. M. Frère-Orban est aussi franc-maçon. Il y a une foule de gens en Belgique qui sont ainsi : ils se croient des *Esprits forts*, parcequ'ils se réunissent pour diffamer la religion, pour manger du veau ensemble et se gratter dans la main en s'appelant Hiram.

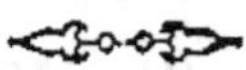

Le *Figaro* est de toutes les orgies, de toutes les cruautés : Il ose écrire : « Les « nouvelles de Cuba sont MAUVAISES; les « insurgés sont maîtres de l'Intérieur. » *Les insurgés*, ce sont ces braves esclaves de Cuba, pour qui tous les chrétiens font des vœux.

Un dernier mot : Je vais publier, à partir du 1er juin le journal politique, la *Guêpe*, paraissant tous les samedis : La présente brochure vous représente physiquement et moralement un numéro.

ARISTOPHANE.

TYP. DE VICTOR BERTUOT, MONTAUBAN, PLACE IMPÉRIALE 9.

Pour paraître le 1er Juin 1869

LA

JOURNAL CRITIQUE, POLITIQUE ET LITTÉRAIRE

Tous les Samedis. — Le n° 30 c.

PRIX DE L'ABONNEMENT TRIMESTRIEL
5 francs.

TYP. DE VICTOR BERTUOT, MONTAUBAN.